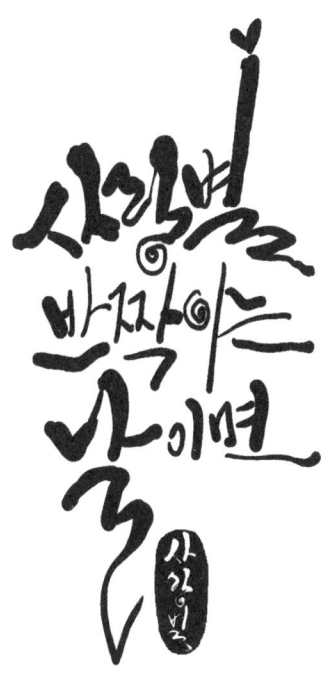

표제: 문경숙 캘리그라피작가

# 사랑별 반짝이는 날이면

김학주 제5시집

창연

# 차례

시인의 말         8

## 1부

| | |
|---|---|
| 나는 꽃 | 11 |
| 유리창의 눈물 | 12 |
| 지금 우리는 아름다운가 | 13 |
| 마음에게 마음이 | 14 |
| 기다리는 것은 오지 않았다 | 15 |
| 지금 무엇을 겁내고 있습니까 | 16 |
| 짝사랑 | 17 |
| 봄비처럼 와다오 | 18 |
| 사랑이여 | 20 |
| 유리벽 | 23 |
| 내 생각이 틀렸나요 | 24 |
| 가끔이라도 | 25 |
| 기도 | 26 |
| 혼 愛 | 27 |
| 본래 없던 것인데 | 28 |
| 아침 햇살 | 30 |
| 동백 | 31 |
| 그리워하는 일은 | 32 |
| 산 | 33 |
| 아버지가 된다 | 34 |
| 차라리 | 35 |
| 사랑 사용법 | 36 |
| X-RAY | 37 |
| 폭설 | 38 |
| 짧은 詩 | 40 |

## 2부

| | |
|---|---|
| 사랑별 1 | 43 |
| 사랑별 2 | 44 |
| 사랑별 3 | 45 |
| 사랑별 4 | 46 |
| 창백한 밤은 싫어 | 48 |
| 그것이 길이라면 | 49 |
| 받아주세요 | 50 |
| 별 詩 | 52 |
| 별의 파장波長 | 54 |
| 사랑별 반짝이는 날이면 | 55 |
| 나에게 별은 詩다 | 56 |
| 종장까지 읽어 주세요 | 58 |
| 별 | 59 |
| 다시 밤이다 | 60 |
| 공습경보 | 61 |
| 큰맘 먹고 | 62 |
| 길 | 63 |
| 그리우면 인연입니다 | 64 |
| 회개悔改 | 66 |
| 별 기도 | 67 |
| 믿고 싶어요 | 68 |
| 잘 자요 1 | 70 |
| 잘 자요 2 | 71 |
| 그리운 만큼만 | 72 |
| 시인은 잠들지 않습니다 | 74 |
| 죄와 별 | 75 |
| 무명별 | 76 |

## 3부

| | |
|---|---|
| 나비 | 79 |
| 나비 1 | 80 |
| 나비 2 | 81 |
| 나비 3 | 82 |
| 나비의 꿈 | 83 |
| 욕망의 계절 | 84 |
| 입술 도둑 | 85 |
| 나비의 순정 | 86 |
| 나비가 되겠어요 | 88 |
| 꽃과 나비 | 89 |
| 나비 핀 | 90 |
| 꽃 문신의 의미 | 92 |
| 나비 춤 | 93 |
| 입맞춤 | 94 |
| 나비 꽃 | 96 |
| 나비의 슬픈 사랑 | 97 |
| 따스한 시선을 원해요 | 98 |
| 갈망의 나비 | 100 |
| 이별 연습 | 102 |
| 인연 | 104 |
| 詩의 완성 | 106 |
| 겨울 나비 | 108 |
| 사랑의 아픔 | 110 |

## 4부

| | |
|---|---|
| 낙엽의 엇갈림 | 113 |
| 부탁이 있습니다 | 114 |
| 서리꽃 필 때면 | 116 |
| 산국 | 117 |
| 눈물인가요 | 118 |
| 유리창엔 비 | 119 |
| 서리꽃 | 120 |
| 가을 천사 | 121 |
| 이별 없는 세상에서 만나요 | 122 |
| 민들레 | 124 |
| 눈물 저장고가 있습니다 | 125 |
| 마른 꽃 | 126 |
| 너니까 | 127 |
| 아버지 어머니께 드리는 편지 | 128 |
| 혼자 있으면 섬이다 | 130 |
| 연탄 | 131 |
| 눈물 매듭 | 132 |
| 새벽 | 133 |
| 여보 | 134 |
| 홍매화 | 136 |
| 너는 아프다 마라 | 137 |
| 아름다운 범인 | 138 |
| 안개 | 139 |
| 함께 가는 거야 | 140 |

## 시인의 말

가라고 하면 오는 것이 있다
오라고 하면 가는 것이 있다

하나의 몸짓으로 겹쳐지지 않는
초점 잃어 흔들리는 촛불 같은

스치듯 지나가도
뜨겁게 다가와도

만 리 밖 상상처럼
차지 않는 씨방은 허공에 매달린다


2020년 4월 김학주 시인

1부

# 지금 우리는 아름다운가

무엇을 닮아가는 건 그 길을 걷겠다는 것
굽거나 곧거나 순리를 따르다 보면
살다가 눈물 나는 날도 위로받게 되리니

# 나는 꽃

계절의 눈금도 상관이 없습니다
기억되고, 기억되지 않음도 탓하지 않으며
길고 짧은 시간의 진리도
그 자체로 만족하겠습니다
그러나 그 선택의 시간이 비록 짧을지라도
진실 없이는 피우지 않겠습니다
모른 척해도 괜찮습니다
기다림은 나의 선택이었으니까요
살다가 미움이 녹고
숱한 고독도 동이 나거든 그땐 열어주세요
이유 없이 닫아버렸던
그 마음의 문만 열어 주신다면
운명에 걸맞게
작은 떨림을 앞세워
그대 안에 자분자분 피우겠습니다, 나를

## 유리창의 눈물

사랑해라 써도
좋아해라고 써 봐도
침묵에 갇힌
창은 눈시울 적십니다

얼굴을 그려도
이름을 써 봐도
추억 사이로
창은 그저 소리 없이 흐느낍니다

비요일엔 억장 두드리며
눈요일엔 속절없이 부서지고
투명한 날엔 햇살의 날선 손톱으로 할퀴며
바람 부는 날엔 공허한 메아리로 번져
성난 울음보처럼
손대면 터져 버릴 듯

그립다 써도
보고 싶다 써 봐도
답장 없는 울음으로
종내終乃, 창은 눈물 자국만 남깁니다

# 지금 우리는 아름다운가

나무는 새싹이 돋아날 때도 청초하고
천 겹의 나뭇잎일 때도 정갈하지만
나부껴 떨구는 갈잎의 마지막도 아름답다

빈 가지는 어떤가, 겨울바람 속에서도
오래도록 춤추며 마음 다치지 않는 평온함
허망한 물러섬에도 타락하지 않는다

무엇을 닮아가는 건 그 길을 걷겠다는 것
굽거나 곧거나 순리를 따르다 보면
살다가 눈물 나는 날도 위로받게 되리니

순간을 살수록 순간순간 죽어가는
시간의 굴레에서 우리 약해지지 말자
길 끝의 저물녘이 더 아름다울 수 있도록

## 마음에게 마음이

무지함으로 잃고는 이제 와 절규하는 지
사용치 말았어야 할 슬픔을 사용한 죄
아무리 혹독하여도 기댈 곳 마음뿐인걸

내색치 말아야 할 원망을 키우는지
흠흠한 지금의 부침浮沈 모두 내 탓인 걸
말없이 받아드리자 살날이 많지 않더냐

# 기다리는 것은 오지 않았다

시간은 깨어나고
바람은 어김없이 길을 열어도
기다림은 오지 않았다

생각나고 그리워하는 모든 것이
가뭇한 뒷모습뿐
기다림은 오지 않는다

캄캄한 밤처럼 검은 머리일 때부터
서릿발 내려 희끗해진 지금까지
기다림이 무슨 숙명이라고

구걸하듯 출구를 바라보지만
다시 돌아올 길이 없는 것처럼
기다림은 오질 않는다

머릿속은 늘 꿈을 꾸고 있지만
자꾸만 약해지는 손아귀의 힘
기다림도 늙어만 가는데

스스로 자초한 상처의 끝은
결코 풀리지 않는 매듭이련가
여전히 기다리는 것은 오지 않는다

# 지금 무엇을 겁내고 있습니까

우리의 삶은 꽃길만은 아니어서
감사와 사랑으로 살다가도
어떤 작은 난관에도
순간순간을 두려워하며 살아갑니다

바람이 욕망의 회색 도시를 피하지 않으며
어쩌면 날선 나뭇가지는 물론
거대한 바위산을 스치고 지나가듯
방하착放下著하며 살아야하는데

배려하고 나누려는 마음보다
소유하려는 집착이 앞서
눈앞에 보이는 이익이 소멸될까 싶어
두려워하는 건 아닌지 모르겠습니다.

지금 당신은 무엇을 겁내고 있습니까?
만약 당신의 삶이 기도하며 살았고
나눔을 먼저 생각했다면 무엇이 두려울까요

모든 건 때가 되면 지나간다 믿으세요
그리고 남을 먼저 생각하는 마음을 꼭꼭 새기세요

지금 당신은 자신을 못 믿어 두려워하는 것뿐입니다

# 짝사랑

너는 건널 수 있고
나는 가로막힌

너는 너무나 크고
나는 점점 작아져

어둠의
배를 가르며
추억만 파헤치는

너는 영롱한 별빛
나는 건조한 사막

너는 사태 난 불꽃
나는 야윈 불씨

넌 웃고
나만 낯 붉어
쥘 수 없는 신기루

## 봄비처럼 와다오


네가 온다는 것은
울음에 갇힌 기다림의 미학이다
가만히 와다오

막상 온다는 것은
상처를 덧나게 하는 두려움이고
가슴 저미게 하는 일이지만

기어코 끄집어내야 함은
더 아프지 않기 위한
슬픈 목가이기도 하다

그렇게 온 너로 느끼는
그 짧은 시간 속에서의 떨림이
사랑 그 이상이라면 너도 두고 가지 못할 텐데

왔다간 금세 가버리는
그래서 또 기다려야만 하는
허튼 나의 열병이 서럽다

가끔 잊지 않고
찾아와 주는 것만으로도
고마움을 느끼지만

〈
내 염치없어 자주 오라는 말은
차마 할 수는 없어도
그리울 때마다 와 주면 안 되겠니?

와선, 굳이 위로의 말까지도 바라지 않으며
억지로 웃어달란 말도 아니다
그냥 곁에 있어만 준다면 그걸로 족할 뿐

소리 내지도 말고
봄비처럼 와다오
인기척 같은 행운도 원치 않느니

# 사랑이여

당신을 만난 것이
아픔은 아니라 말하고 싶습니다
그때 당신에게 온 맘 주었던 것이
슬픔은 아니라 말하고 싶습니다

비록 온 천지에 버림받은
노숙 같은 마음이지만
지금 느끼는 이 외로움은
사랑의 깊이로 인해 생긴 불꽃이기에

잔불마저 꺼트리기 싫은 마지막 안간힘으로
무작정 아파하거나 슬퍼하지도 않으며
당신이라고 묵은 정 쉽게 잊었을까 생각하면서
서러움 쓸어내리며 아린 마음 다독여 봅니다

처음으로 돌아갈 수 있다면
눈물 글썽이는 일 다시는 없게 할 자신도 있지만
이만큼 왔으니 그것은 꿈에 지나지 않아
좋은 기억만 꼬집어 텅 빈 가슴을 채울 밖에요

갖고 싶어도 가질 수 없는 것이
사랑이라는 것도 알았고
버리고 싶어도 버릴 수 없는 것이

그리움이라는 것도 알았습니다

텅 빈 내 가슴엔 온통 먹구름뿐
햇살 한 가닥 잡기도 버거운 지금이지만
입안에서 맴도는 당신 이름을
애써 막지 않고 부르렵니다

앞으로도 닥쳐올 처절한 고독과
회한의 울음 또한 결국 내 몫이겠죠
허나 홀로 견뎌온 나 자신의 관대함에
애써 고맙다 말하고 싶습니다

돌이켜보면 당신은 죄가 없었습니다
나를 사랑해줘 열병을 앓게 했을 뿐
모든 원인은 어리석은 나에게 있어
원망이나 불평 따윈 하지 않겠습니다

봄비의 실루엣처럼 미련이 자꾸 따라와
앙상한 나를 몸서리치게 만들어
그 어떤 위로도 무의미한 상태이지만
그리워 그리워하는 것이 죄는 아닐 테지요

이렇게 허무하게 막을 내리기엔

너무나 허허롭고 서럽고 답답해
방황으로 가슴에 대못을 박고 살아야 함이 애처러워도
담아둔 내 모든 눈물 삼키며 그 이름 불러봅니다

당신을 만난 것이 아픔은 아니었습니다
그때 당신을 만나지 못했다면
지금 나는 이 아름다운 그리움조차 몰랐겠죠

사랑이여, 한때 날 사랑해줘서 감사하고
그로 인한 그리움으로 신열 나게 해줘 고맙습니다

# 유리벽

우리 온도 차이로 생긴
성에를 없애 보아요

허물어 투명한
유리창이 되도록

따스한
커피 한 잔으로
경계를 녹여 보아요

설익어 막막했던
비루함의 얼룩이

부신 사랑의 꿈에
지워질 수 있도록

향긋한
커피 한 잔으로
언사랑 녹여 보아요

## 내 생각이 틀렸나요

우리가 사랑했던 건 외모나 명예나

다른 어떤 조건을 바라본 게 아니라

영혼이
같다 싶기에
사랑했던 것입니다

깊은 당신의 눈빛과 비교할 순 없어도

기꺼이 맑아질 수 있다 생각했는데

잊혀진
미소와 웃음
다시 켜지지 않습니다

## 가끔이라도

내가, 별 무리에서 당신을 찾듯이
아주 가끔이라도 밤하늘 바라보며
당신도 나를 찾으면
그 눈동자 속에 서 있겠습니다

내가, 풀꽃을 보며 당신을 생각하듯
아주 가끔이라도 기억의 풀밭에 누워
당신도 내 생각하면
그 맘속에도 누워 있겠습니다

내가, 커피에 그리움을 넣어 마시듯
아주 가끔이라도 동그라미 저으며
당신도 날 그린다면
그 잔 속에 내가 있겠습니다

# 기도

겨우겨우 한줄 볕에 기대어
콘크리트 틈새로 풀꽃은 피고
단애斷崖의 나무도
한 줌 흙에 뿌리내리고 살아갈 수 있는 건
의지를 갖게 하심입니다

맑디맑은 샘의 시작은 순조로웠으나
돌부리에 치이고 부딪히고
때론 가뭄에 길이 막혀 골창에 갇히더라도
이윽고 바다에 닿을 수 있는 건
믿음을 갖게 하심입니다

하물며 말할 수 있고
어떤 감정도 묘사할 수 있는 표정도 있는데
왜 자꾸 약해지는지
기도할 수 있는 두 손과 마음도 있는데
뭘 두려워하는 것인지

"담대하라" 하신 말씀
한 번 더 가슴에 새기며
저 미세한 거미줄에도 길을 갖게 하셨듯
믿고 의지하며
꿋꿋이 지금의 어려움들을 극복해 나가겠습니다

# 혼 愛

어떤 상황에서든
절묘한 타이밍에 어깨를 툭 치고 가고
그때그때마다 설정과 맞는 속도로
어김없이 맨 가슴을 흔드는 건지

비우면 비울수록
버리면 버릴수록 여유가 생긴다는데
한 사람에 대한 나의 미니멀 라이프는
무용지물로 끝이 난지 오래

내 기억 속의 무수한 사진들처럼
우리 사랑 결국 추억으로 그쳐 버렸지만
그로 인해 생긴 그리움으로
사람 없이도 난 사랑할 줄 알게 되었습니다

# 본래 없던 것인데

오래전부터 세상에 존재했다고는 하나
나에게는 없던 것이
언제부턴가 있게 된 것입니다

병명도 없는 열병에 아픔을 느껴야 하고
질끈 눈 한 번 감으면 될 줄 알았던
갈망은 밋밋한 가슴을 후벼 팝니다

싫은 것도 참을 줄 알았고
웬만한 통증 정도는 웃어넘길 줄 알았는데
내 어찌 지나치는 바람 소리에도
화들짝 놀라게 되었는지

그저 한 사람에 불과했던 그가
내 마음 위로 퇴적처럼 쌓인 지 오래,
그렇다고 그 세월을
탓하고 싶은 것은 아니나
주름 잡힌 살갗만큼 늘어난 건 사실로

본래는 없었던 그것이
굳이 내 안에 익어
아직도 에둘러 그에게로 가게 하는지,

〈
어차피 갈 수조차 없으면서
본래는 없던 그것을 왜
가슴속에서 떠나보내지 못하는 건지,

나에게는 없던 그리움이
언제부턴가 내 것이 된 것입니다

# 아침 햇살

떠지지 않는 눈에
소리 없는 입맞춤

그 느낌 황홀해
살며시 눈 떠보니

시든 밤
쓸다가 들린
하루 문 여는 햇살

# 동백

뉘 알까?
숨어 뱉어냈던 붉은 독백을

뉘 알까?
맵디매운 겨울바람 가르며 지피는 불꽃을

고루한 햇살 비집고 마침내 만개하기까지
기억을 헤집고 온 붉은 파장

어둠의 굴레 바지런히 뚫고 와선
갯바위 들머리에 목마름을 풀고 앉자

창백한 바다에 연민을 드리운 채
그리움을 낚는다

# 그리워하는 일은

모두가 잠든 새벽
홀로 빛나는 샛별처럼 고독한 일이다

누가 봐 주기까지
제빛만 물끄러미 바라보고 있어야 하는
그러면서도 한편 여명에 쫓겨 속앓이해야 하는

낚시터의 찌처럼 긴장의 연속인걸,
누가 시키면 할까?

오직 한 사람에게만 말하는 법을 배워야 하고
그렇게 배운 가슴의 언어로 물질해야 하는

혼자 웃다,
헝클린 울음도 스스로 빗질해야 하는 혼자

# 산

산은 낮이고 밤이고 잠 안 자고
별을 품고 있구나

밤이면 별들의 놀이터로
낮이면 어젯밤 변신한 꽃들로
장관을 이루는 걸 보면
제법 넓은 가슴을 가졌나 봐

그리워 달려가면
언제나 닿을 수 있는 너처럼

# 아버지가 된다


직장에선 직원으로
거래처에선 을乙로
이리치고 저리치고
몸 달궈 생生 못 박다가도
옷 털고
집으로 돌아가면
의젓한 아버지가 된다

아내를 위하여
아이들을 위하여
삐걱대는 대문 손보며
깜빡이는 전등 갈고
늦은 밤
잠자리 살피는
자상한 아버지가 된다

힘들어도 거를 수 없고
무겁다고 놓을 수 없는
퇴근길 목로의
술 절반이 눈물이지만
갈지자
18번 노랫가락도
안으로 삼키는 아버지가 된다

# 차라리

진정,
그리 기다려도 오시지 않는다면
커피잔에 커피를 버리고
꽃을 심겠습니다

정녕,
더 이상 날 원치 않는다면
커피잔에 담긴 그리움까지 쏟아내고
꽃을 심겠습니다

이젠,
맥없이 기다리기보다는
차라리 꽃이라도 바라보며
위로받고 싶은 까닭입니다

## 사랑 사용법

손을 묶고
발을 묶고
그것도 모자라 가슴과
그 안의 작은 미열까지
죄다 묶고 또 묶습니다

그렇게 독점하는 것이 사랑이라고
당신이 지어낸 말입니까

스물네 개의 끈으로 하루도 빠짐없이 묶는

# X-RAY

밤새 잠 못 잘 정도로
가슴이 너무너무 뜨거워서

X-RAY를 찍어봤어

그런데 그 이유가 너무나 웃긴 거 있지

내 가슴에 말야,
온통 너만 있지 뭐니

# 폭설

나에게는 내리는 눈은
남쪽별에서 시작됩니다

그리고 그때마다
참으로 이상한 일이 벌어지는데
눈에 대한 기억이 희미한 까닭입니까?

은근히 내려주길 바라는 마음에
손을 뻗지만
내가 바랐던 그리움과는
전혀 동떨어진 채
곧바로 폭설로 변해 다가옵니다

한두 번도 아니고
그때마다 속상한 마음에
마른 불면으로 생긴
자음과 모음을 모아 모닥불 피우며
이제 더는 안 되나 봅니다 하는 깨달음과
남아있는 집착들을 끌어모아 함께 태워보지만
불씨는 아닐 거야 아닐 거야 하며
당신 있는 하늘로 튀어오릅니다

번번이 마음 핥는

그래서 건너지 못하는 그 하늘에는

어떤 오해가 있기에
안개꽃처럼 오지 못하고
갈등에 휘말리며 오는지

눈발이 시작될 때마다
나의 심장은 밤 열차처럼 쿵쿵거려
급행열차에 몸 실어보지만
종착역에 가 닿기도 전에
폭설은 가로막아
간이역에 쓸쓸히 내리곤 합니다

몇 묶음의 안개꽃처럼
옛 추억의 아름다움 거들며 내려준다면
당신에게 가는 길
끊기는 설움조차 없을 텐데

과거는 무리지어 퇴적돼야만 하는 양
마치 한계처럼 쌓이며 가로막는 건지

남쪽에서 눈이 내리기 시작하면
혼자서는 무섭습니다

## 짧은 詩

노상에 야채들처럼
다 펼쳐 놓았습니다

폐업한 겨울나무처럼
다 떼어 놓았습니다

낮추고
드러낸 전부
흠 없는 詩생입니다

잠시 들렀다 가는 길
남기고 픈 게 있다면

영원히 기억되는
짤막한 詩 한 줄

잘 먹고
잘 싸고, 잘 읽고
잘 쓰다가 가는 것

## 2부

## 사랑별 반짝이는 날이면

별빛 쏟아지는 날이면
총총 총 눈동자에 내려앉는 날이면
그 별빛 아래 내가 있습니다

# 사랑별 1

너무 예쁘고 영롱해
따보고 싶지만

행여 아파할까봐
따지는 못하고

매일 밤
그리움 난간에
두고 보는 향기로운 별

# 사랑별 2

당신은 언제인가부터
고독한 잠자리를 덮어 주는
톡톡한 이불이 되었습니다

## 사랑별 3

출구가 없습니다,

나 몰래 우물 파고
성애性愛로 떠 탄주하는
눈 맑은 별 꽃 한 송이

마지막
총알처럼 박혀
떠나지 않습니다

# 사랑별 4

틈만 나면 창문을 닦습니다
문틈까지 쓸고 닦는 내내
생각은 당신과 마주치고
홀로 수줍어 귀밑에는 봉숭아물이 듭니다

오늘은 오실까
오늘은 오시겠지
사랑별 쉬어가는 자리
먼지 하나 없게
나의 가장 멋진 詩와 간결한 언어로
치장을 하며 따뜻하게 데워둡니다

어둠이 잉태했다지만
빛날 줄 아는 별
그가 내려앉는 자리마다 꽃은 피고
콧노래 흥얼거리는
퇴근길 목로 같은 행복을 주는 별

느린 걸음으로 오지 않아 기쁘고
늘상 만날 것 같은 예감이 먼저 드는
그 별을 위해 오늘도 여전히 창을 닦습니다

오늘은 오실까

오늘은 오시겠지
보이지 않아도 느껴지는 숨결
첼로의 저음으로 오시길

## 창백한 밤은 싫어

덮어두고 싶었고
묻어두고 싶었지만

두고두고 떠올라
이 밤도 별을 본다

내 가슴
한쪽을 비운
너로 채우기 위해

인정하고 싶었고
포기하고 싶었지만

지푸라기 같은 널
놓지 못해 별을 찾는다

너 있는
밤하늘 아래
서성거리기 위해

# 그것이 길이라면

별을 따라가겠네,
봄꽃 흐드러진 산모롱이를 지나
소낙비 내리면 갈참나무 아래 잠시 쉬었다가
분꽃, 접시꽃, 원추리꽃 핀 들판을 지나
붉은 잎의 조락凋落에
열병으로 속앓이하는 마지막 말매미 울음 따라
산도 지우고, 가로등 불빛도 지우고
신작로 길마저 지우는 흰 눈을 피해
별을 따라가겠네.

엇갈린 운명도
사무친 비련의 아픔도
시름으로 변주했던 세월까지도 허물며
설령 길 끝이 더디더라도
그것이 그대에게 닿을 수 있는 유일한 길이라면
이 한 몸 고독의 맥박 같은 어둠이 되어서라도
그 별을 따라가겠네

## 받아주세요


얼결에 당신이 떠나고 난 후
그리움의 난간에 서서
마구잡이로 밤하늘에 별을 던졌습니다

집착도
질투도
후회도
미움도 구분 없이 던졌지요

얼마나 지났을까요
정신을 차리고 하늘을 보니
별자리가 서로 뒤엉켜 있었습니다

모를 죄책감에
제자리로 돌려놓으려 애를 써보는데

견주어 생각해보니
우리가 이렇게 남으로 돌아서기까지
누구의 잘못도 아니었다는 생각이 듭니다

사랑은 원래부터 잘 짜여진 별자리만은 아닌 것을
여지를 남기지 않고 고독에 길들여져야 했는지

〈
이젠 갈등은 빼고 나 다시 별을 던지렵니다

삐뚠 명치끝을 제자리로 돌려놓을 수 있는
유일한 사람이 당신이기에
맑은 영혼의 지문으로 별을 집어
순수한 당신의 마음 밭을 향해
힘 다해 던지렵니다

# 별 詩

어느 골목에 부러 조는 가로등이 있겠습니까
저녁을 밝히고 꺼지는 새벽녘까지
혼 심을 빛으로 다 써버리지요

간혹 수명을 다해 깜빡이는 것도 있고
그러다 멈추는 가로등도 있겠지만
까닭 없이 그 뭉클한 규칙을 어기는
가로등은 없을 겁니다

무성했던 햇살이 저물어
가로등 켤 시간이면
저는 어김없이 그리움의 별 詩를 쓰기 시작합니다

이런 저의 행동을
눈치채지 못하는 사람이 많아
오히려 부담은 덜해
당신 꿈의 가장자리에 설 때까지
사모하는 마음을 열망으로 엮어가며
점점이 고독한 어둠을 걷어내는데

사실 당신도
눈치채지 못할 수도 있겠다는 생각도 해보지만
그리움의 규칙만은 깨기 싫어서

고요한 밤 詩心을 한사코 밀어 올립니다

간혹 쓸쓸함에
한두 줄 문장이 바다로 침몰하긴 해도
물러설 수 없는 나의 밤은
당신을 위해 별 詩를 쓰는 것이니

가끔 아주 가끔이라도
그리움의 고명을 얹어 쓴 별 詩에 두 눈 기울여 주세요

## 별의 파장波長


저 깊은 곳 잠든 그대
별빛 사무쳐 우는 날엔

내 영혼의 종을
사태 나도록 치고 간다

내 모든
촉각 달구는
격정의 아우성으로

# 사랑별 반짝이는 날이면

별빛 쏟아지는 날이면
총총 총 눈동자에 내려앉는 날이면
그 별빛 아래 내가 있습니다

그리워 서라기보다는
고독과 맞서려고
보고 싶다기보다는
곁에 머물고 싶은 까닭에

그 별빛이 내 가슴을 파고드는 날이면
별은 있고 그대 없어
참으려
들썩이지 않아도
눈물이 납니다

# 나에게 별은 詩다

어린 씨앗별로 시작해서
저리 아름다운 별로 성숙되기까지
뜨고 지기를 반복하는 퇴고

반짝여 누군가의 위로가 되기까지
결코 별똥별로 마감하지 않으려 했던
장시간의 노력이 있었기에
그리움의 주체가 된 별은 詩가 되었다

나는 한 편의 詩가 되기 위해
어둠과 사투를 벌이면서까지 써 내려 간
그 총총한 詩 앞에 늘 겸허해진다

내가 쓴 詩는
사람들이 읽는 둥 마는 둥 하지만
별이 쓴 詩는 누구라도 읽어

어스름이 내리면 제일 먼저 강물이 읽고
나무들이 따라와 그 詩를 가지에 매단다

언제였는지 가로등도 함께 낭송을 하고
도시 불빛도 은근슬쩍 다리 하나 걸치며
사람들은 별 詩를 읽다 무심코 잠이 든다

〈
간혹 떨어져 여백을 남기기도 하지만
유년의 우물가에 어른거리던 꿈같은 詩,

사랑에 목말라하는 이들의
구멍 난 가슴을 어루만져 주는 詩,

소풍 마치고 가신 아버지, 어머니의
빈자리를 점으로 메꿔 주며 꽃피우는 詩로

별 詩는
언제고 마음 하나 기댈 수 있는
고향같이 편안한 문장으로 반짝인다

## 종장까지 읽어 주세요

우린 서로 곁에 없으니
만질 수도
말 한마디 섞을 수도 없네요
그렇다고
맥 놓고 있을 수 없어
매일 밤 詩를 쏘아 올려
별자리를 만드는데
당신 눈에 띄기는 하는지요?
안부든
그리움이든
달리 보여드릴 방법이 없어
두서없는 졸詩나마 쏘아 올리는데
괜한 짓은 아니겠지요?
혹시 보신다면
짧은 詩는 아니더라도
눈물 묻은 종장까지 읽어 주었으면 좋겠습니다

# 별

그것은 어둠의
은밀한 속삭임

꺼질 듯
알알이
일렁이는 아리아

닿으면
그리움 허무는
황홀한 사랑의 변주變奏

# 다시 밤이다

다시 밤이다
오늘처럼 흐린 날에도 별 등을 켜야 할 시간,

기다리지 않는 한 사람을 위해
상실의 시간을 지우고
자꾸만 퇴색되어가는 기억을 끌어안으려
추파를 던져야 할 시간,
나조차도 나에게서 잊혀 가는데
그는 오죽할까 생각을 하다가도
'혹시'라는 욕구의 수위를 조절 못 하고
어설픈 詩 한 편으로 등대 같은 길을 내본다

다시 밤이다
안부를 말하기 위해 별 등을 켜야 할 시간,

아무것도 정해진 건 없지만
황폐한 마음을 추스르고
굶주린 탄식들에 한숨을 틔우려
뭔가 파장을 일으켜야만 할 시간,
한때는 나였던 그리움도 지나쳐
당장이라도 무너질 것 같아
'어쩌면'이라는 기대로 풍선 불며
두서없는 詩 한 편으로 적막을 지워 본다

## 공습경보

밤이면 또 그리움이 자맥질합니다

어딘가?

사태 난 맥박,

결국 피할 곳은 사랑별 당신뿐입니다

## 큰맘 먹고

한때는 죽도록 사랑했었다지만
아직 다 못 준 감정이 있어
남아있는 그리움을 몽땅 지불하고
별 하나 사서
하늘에 걸어 두었습니다

그렇다고 행여 부담은 갖지 마세요
이렇게라도 안 하면 그리움의 멍에를
누를 길이 없어 그런 것이니

일부러가 아니어도 좋습니다
어느 날 문득 내 생각나거든
밤하늘을 보세요

당신이 그토록 멀리하고 싶었던
몹쓸 집착은 뺀
화해의 빛만 총총 일 겁니다

# 길

그대에게 가는 길은 무척 다양해서
낮이면 마음이 부르는 소리를 따라
밤이면 별빛을 따라 그대에게 가곤 하죠

물론 비와 바람, 단풍과 낙엽, 첫눈도
그리움과 다리 놓는 어떤 수단이고
외에도 노을을 비롯해 여러 길이 있지만

그중에 하나를 꼽으라면 단연 별이죠
스르르 잠들게 무릎베개로 와서는
총총 총 '잘 자요'라며 인사를 건네니까요

# 그리우면 인연입니다

사람과 사람이 만나는 것은
별과 별이 같은 하늘에서 만나
중저음으로 반짝이는 것보다 더 어렵고
같은 해변에서 만난 모래와 모래가
해종일 지체는 것보다 바늘구멍입니다

서로 그리워하다 만나는 것들은 많습니다
은하강 별들이 그렇고
만장처럼 나부끼는 들꽃들이 그러하고
두물머리 비껴가는 강물도
경전처럼 내리는 낙엽도
민둥산 우는 억새와
순천만 은빛 와온*의 갈대는
그렇게 만나진 것일 겁니다

어쩌면 전생에 우린
별빛 쏟아지는 목로에서
윤슬 출렁이는 강가에서
깊은 사랑을 재단했을지도 모릅니다
그때 끈이 얽히지 않고서야
어떻게 이생에 닿을 수 있었을까 생각합니다

경계, 그 발치에 쓰러지는 파도처럼

쉬 잃어버리는
건망증을 탓해야 할는지 모르겠습니다만

아무리 기억을 끄집어내도
내생來生에 또 한 우린
몰랐던 사람으로 만나게 될 텐데
아프죠
무척 아픈 일이지만
슬퍼할 일만은 아니라 봅니다

우린 서로
저 마음 짓무르도록 그리워할 줄 아니까요

억지로 치장하고
생떼로 덧칠하지 않아도
섬진강 첫 꽃 피듯 우리 인연의 풀무늬는
영원히 끝나지 않을 겁니다


\*와온: 순천만의 어촌마을

# 회개悔改

도무지 모르겠어요
어느 날은 반짝이다
어떤 날은 꼬리 달아
어디론가 감추는
행여나
시선 피하려
그러는 건 아닌지

죄라면 멀리서
바라보는 것뿐인데
고개도 들지 말까요?
땅만 보며 살아도
희망만
있다면야, 내
무언들 못 할까요

그 정도는 아니라
믿고 싶습니다
잔정이란 게 있는데
시선만 허락하세요
별 마음
또 다시 잃는
미련한 짓 않을 테니

# 별 기도

항상 열린 마음인데
내 꿈에 오지 않는지
별 하나, 나 하나, 별 둘, 나 둘
별 따라
오시면 될 텐데
기다림만 깊어갑니다


혹시,
찾지 못해 그런 건 아닌가요?
별에게 내 일러둘 테니
오늘 밤은 오실 거죠

내 친구

별아!
사랑별아!

내 사랑을 부탁해

## 믿고 싶어요

언젠가부터 예쁜 별 하나
키우고 있습니다
이름은 당신 이름을 따서 부르죠
잘 웃어
같이 있다는
착각이 들 정도 입니다

비구름에 가려 지금은
보이진 않지만
그 너머로 그 별은 빛나고 있을 테죠
여전히
고운 빛으로
그리움 키우고 있겠고요

이별에 가려 애써도
볼 수는 없지만
어딘가 당신도 활짝 웃고 있을 거라 믿습니다
아직도
누구에게나
사랑받고 있을 거고요

그런 당신은 혹시 별 하나
키우지 않나요?

밤하늘 보면 웃음 나는 이유를 몰라 묻습니다
당신이
아니면 누가 날
웃게 할 수 있을까요

내 생각이 맞는다면
우린 아직 끝난 게 아닌
서로 바라보는 사이라 믿겠습니다
별들이
다 떨어져 밤하늘
텅 비지 않는 한 말입니다

# 잘 자요 1

창 너머
밤하늘에 손을 뻗어 봤어요
두 눈을 감고
별과 바람의 굴곡을 손끝으로
느끼다
어느새 잠이 들면
그대에게 닿을까요?

별 골짜기에
그리운 그 이름 불러 봅니다
조용히 귀 기울이면
메아리 들려올까요?
수줍어
밤에만 피는
별꽃이여, 잘 자요

# 잘 자요 2

언제쯤 꿈속에 오실지
숱한 밤을 껴안고 잤습니다

별은 점점 늘어 밤하늘에 가득한데
소식은 가물하고

혹시,
오늘은 오시려나요?
며칠 전부터 별 하나 글썽이던데

그 별을 눈에 넣고
먼저 잘게요

그럼,
당신도 잘 자요
그리고 꿈속에서 꼭 만났으면 해요

오늘도 난
당신 오기만 기다리다 잠드는
바보랍니다

## 그리운 만큼만


웃음이 납니다

손댈 수 없을 만큼 뜨거웠을 때보다
외려
먼 지금이 더 뜨거운 건지

단지
그리워만 했을 뿐인데
연정만 깊어 갑니다

이유가 뭘까요?
상황은 달라진 게 없는데
판이하게 다른
혹,
붉어진 사랑의 범인이 그리움?

이쯤이면 심증도 확실한데
만약 그렇다면
책임져야 하는 거 아닌가요?

언제부턴가 습관이 되어
일찍
꿈으로도 가곤 하는데

그게 원인이었고
그로 깊어졌다니요?

지금 당장
원죄를 따지고 싶지만
밤도 깊어가니
격론은 날 밝으면 벌이기로 하고
아무 일 없는 듯

일단
잘 자고
오늘 밤은 오세요

애꿎은 사랑까지는 말고
단지
그리운 만큼만 오세요

# 시인은 잠들지 않습니다

말이,
자유로운 영혼이지 허울뿐
그리움의 절벽 끝에 산솜다리로 서 있어
한 발도
움직일 수 없이
막막한 까닭입니다

'꿈에 만나면 되지'
반문도 하시지만
바람의 말부림에 귀가 번쩍 뜨이고
별 살짝
부시럭거려도
가슴 철렁이는 걸요

여전히
날 모르는 꼬리별에 맘 베이느니
혼 밤, 무서움에 기울다 돌아눕느니
차라리
깊은 잠 속에
빠진다면 좋겠습니다

# 죄와 벌

밤하늘에서 그대를 찾고
매일 별 밭에 그대 얼굴 그리는 걸
그대는 어찌 생각할지 몰라도
난 죄라 생각해본 적 없습니다

또한 내 가슴이
그리움의 사슬로 꽁꽁 묶였다 해서
그대를 탓하는 것도 아닙니다

하지만 무작정 기다릴 수는 없어
굳이, 죄를 묻는다면

언제 내 마음에 닿을지
기약도 없어
꿈속에서라도 볼 수 있기를 기다리는
나는 '무죄'이지만

감감무소식에
그리 오기 쉬운 꿈속에도 올 줄 모르는
그대는 무조건 '유죄'로
그냥 넘어갈 수 없어, 꼭! 내 꿈 꾸라고

징역 '잘 자요'를 선고합니다

# 무명 별

내 생을 사르고
다시 태어난다면
누구나 볼 순 없어도
네 눈에만 감각되는
빛의 띠
은하수 강가에
무명의 별이고 싶다

큰 별도
유난히 빛날 것도 원치 않는다
기억되고 않음도
네 시선에 달렸지만
별 헤는
너의 추녀 끝에
사랑별로 피어있겠다

그렇게,
너의 실수로 눈 마주치길 기다리다
이윽고 닿는 날
잰 걸음에 꼬리 달아
내 영혼
사선으로 꺾어
네 안에 떨어지겠다

# 3부

# 나비의 꿈

당신이 사랑의 향기를 안수하는
전도자라면

저는 기꺼이 당신 앞에 무릎 꿇는
기도자가 되겠습니다

# 나비

달랑
두 장 뿐인
작고 고운 너의 시집詩集에

들꽃 향 그윽한
계절이 담겼구나

꽃 무늬
기억의 들판
너로 꽃은 지지 않는다

*2019년 서울 지하철 승강장 안전문 창작시에 선정

# 나비 1


이 꽃
저 꽃
기웃거린다고

보시기에
바람둥이 같지만

천만에요

묻고 다닌 겁니다

날개에 그린
그대 얼굴 보여주며
찾고 있던 겁니다

꽃 중에 꽃인 그대를

# 나비 2

모세의 기적처럼 번지던
눈부신 불꽃놀이,

산으로
들로
꽃물들이던
그대의 화려한 유혹을 알아

앙증맞은
꽃 몽우리
그 작은 꿈틀임에

내 날개도
털갈이를 시작합니다

# 나비 3

나만이 아닐 거야

너의 향기를 기억하기에
날개에 힘이 들어갔고
입술이 설레기 시작했듯이

너 또한
나의 입맞춤을 기억하고
꽃물을
길어 올리고 있었을 거라 믿는다

그리고
굳이 너 있는 자리
말하지 않아도 안다

네가 어디에 있고
내가 어디로 가야 할지
눈 감고도 알 수 있는 건

너는 너를 볼 수 없어 모르겠지만
너 있는 자리는
항상 빛이 나
눈이 부셨으니까

## 나비의 꿈


당신이 계절을 노래하는
가수라면

저는 그 노래에 춤을 추는
발레리나가 되겠어요

당신이 사철을 화폭에 담는
화가라면

저는 그 수채화에 생명을 불어넣는
붓이 되겠어요

당신이 사랑의 향기를 안수하는
전도자라면

저는 기꺼이 당신 앞에 무릎 꿇는
기도자가 되겠습니다

# 욕망의 계절

저리도 화려한 5월의 꽃
모두 안아보고 싶은 나비로서의 욕망
왜 없겠습니까

허나, 욕심이 과하면
배반의 가시가 돋는 것처럼

몸에 걸쳐
어색하지 않을 만큼
적당히 차고 넘치지 않을 때
행복은 나를 지켜주겠죠

물론 시선에 머무는 유혹을
에둘러 뿌리치기란
결코 쉬운 일은 아니지만

과욕으로 불행과 가까워지느니

날개가 닿을 수 있을 깊이만큼
날개가 소화할 수 있을 영역까지
딱, 내 몫만큼 만 사랑하렵니다

## 입술 도둑

꽃은 몰랐을 겁니다

바람보다 가벼운 나비의 습격을
봄 햇살이 잠시 핥고 간 것쯤으로 생각하며
제 순결 빼앗긴 줄도 모른 채
헤프게 팔고 있는 꽃 웃음

그 음모를 누가 상상이나 했겠습니까
나풀나풀
소리 없이 다녀가는 예쁜 도둑

나는 꽃 입술을 훔치고 있었습니다

# 나비의 순정

두 줄로 부는 초록 바람에 기대
가늘게 떨며
산 몸살을 앓더니

열병 털고 일어난 자리마다
아카시아 톡톡 톡
꽃망울 터트렸구나

매혹한 너로 멀미가 난다

빙글빙글 날고 있는 까닭에
더러 우습기도 하겠지만
이 꽃 저 꽃 망설일 필요 없으니
행복이라 하겠다

지천이 만개한 오월
인내가 저리 쓴 것도 안다

철쭉 향
산바람에 묻어오고
장미는 넝쿨 채 휘감아 오지만
너만 보며
그 설렘 잠시 늦추련다

〈
단발머리 어여쁘고
꽃송이보다 향이 더 무리지어 핀
지금은 너의 계절이니까

# 나비가 되겠어요

3월에 부는 바람은
그대 소식인 줄 압니다

아직은 여리지만
고운 향기로 유혹하며
내 마음 요동치게 하는
그런 그대는
당연히 꽃을 피우겠지요

손꼽아 기다린 나는
나비가 되어
그대를 찾겠어요

행운일 겁니다
사랑일 겁니다

어느 날 그 꽃에
살포시 앉게 된다면

# 꽃과 나비

꽃은 나비가 찾아왔을 때 꽃다운 것처럼
나비는 꽃 위를 날 때 나비답다 하겠죠
예쁘다
곱다는 말이
자연스레 떠오르는

서로의 온도가 되어주는 어울림은
고독을 허무는 하얀 이 웃음 열쇠
마음 문
활짝 열어요
동행은 행복의 첫 단추

# 나비 핀


당신을 찾는 일은
그리 어렵지 않았습니다

퍼석이던 땅이
촉촉이 물기를 머금고

둔탁했던 바람이
부드럽게 씨앗을 품어

날카롭던 햇살이
무뎌지기 시작하면서부터

겨드랑이의 날개는
태동하고 있었습니다

그러나 봄의 문을
쉽게 열지는 못했었나 봅니다

꽃샘을 빙자로 약속을 늦추며
안으로 안으로만 숨고 있었으니까요

어떤 빌미가 필요했던가 봅니다
저 홀로 꽃 술 열지 못하던 찰나

〈
봄비의 살가운 충격에
이윽고 꽃등을 켜기 시작했고

당신도 어느 하늘 아래
피고 있을 거라 생각했습니다

대지에 써 내려가는
분분한 꽃의 언어들

순식간에 번지는 꽃불이
도화선이 되어
당신을 찾아 날기 시작했는데

굳이 묻지 않아도
"사랑 꽃 저기 있어요"
"저기요, 저기" 하며 알려주는
뭇 꽃들의 예쁜 길 안내로
쉽게 당신을 찾을 수 있었습니다

이제 만났으니
떠나지 않으렵니다
당신 고운 머리에 앉아
영원히 나비 핀으로 남고 싶습니다

# 꽃 문신의 의미

아프지 않은 꽃은 없듯
아프지 않은 나비도 없습니다

보시기에
수많은 꽃들의 구애에 갇혀 사는
제가 행복해 보일지 모르겠지만

숱한 이별을 감내해야만 하는
절대 고독의 비련을
몰라서 하는 말입니다

영원히 피는 꽃이 어디 있습디까?

계절의 농간으로
짧은 사랑에 멍들어야만 하는
나비의 순정,

아프지 않은 꽃이 없다는 건
들어 짐작하고 있겠지만

꽃 울음,
날개에 문신으로 새길 만큼
아프지 않은 나비도 없다는 걸
조금은 알아주세요

# 나비 춤

봄 햇살 사이로
빠끔히
날개를 말려 놓았지만

서둘러
날개를 펴진 않겠습니다

덜 영근 향기를 앞세워
이제 막 첫걸음 띤
아지랑이 무성한들

재촉해
날지도 않겠습니다

겨울을 인내하고
꽃샘추위마저 뿌리치며
당신이 여물게 꽃등 켜는 날

현혹의 옷고름을 풀고
화사한 절정의 무대 위에서 날개 춤을 추겠어요

## 입맞춤

완연한 봄입니다
드디어 그날이 왔네요

많이 설렙니다
당신 앞에 서면 어떻게 입맞춤할지
두근거리기만 하는데

당신도 그런가요?

외람되지만
그런 생각도 해봅니다

내 입술이 당신 꽃술에 닿는 순간
심장은 사정없이 뛸 텐데
그 순간 폭발했으면
좋겠다는 생각 말입니다

놀라셨죠?
그게 무슨 말이냐고
황당해 하시겠지만

딱히 날아간들 뭐 하겠습니까
난 이미 당신의 나비인 걸

〈
많은 꽃들이 유혹한들
당신만 하겠습니까?

당신의 그 화려함도
그리 오래가지 않는다는 것 또한
모르는 건 아닙니다

허나
절정의 당신 안에서 굳이 잠들고 싶은 건

또 기다려야 하는 그 슬픈 침묵이
더 이상 두렵고 무서운 까닭입니다

# 나비 꽃

굳이
나와 당신 차이점을 말하자면
당신은 날지 못하고
나는 날 수 있다는 것뿐

우리는 공통점이 더 많아
당신은 땅 위에 핀
나는 하늘에 핀
꽃이라는 사실입니다

# 나비의 슬픈 사랑


어디에 마음 두어야 할지
모르겠습니다

만났다 싶으면 이내 지고
마음 주겠다 싶으면 떠나는
꽃의 무정함

물론 계절의 순리를
모르는 것은 아니지만

이 꽃 저 꽃
기웃거려야 하는 나를
바람둥이라 비웃지나 않을지

그럼에도 불구하고
오늘도 난 꽃을 찾아 비행을 시작합니다

순환의 고리는
또다시 고독을 선물하겠지만
운명인 걸 어쩌겠습니까

목련도 옷깃을 여민지 오래고
벚꽃은 또 어찌나 울던지
개나리, 진달래는 왜 그렇게 떠나야 했는지

## 따스한 시선을 원해요

꽃이여!
내가 당신을
사랑으로 바라봐 주길 원하는 것처럼

나비를 바라볼 때
바람 탓이라면
눈동자까지 흔들거리지 말아요

고정되지 않은 당신의 시선에
빈정 상할 때 있습니다

당신이 뿜어내는 향기처럼
나 또한 나름의 향이 있어
고운 시선 받길 원한답니다

오롯이,
자신만 꽃이라 생각하고
오만의 시선으로
건성건성 눈 맞추려 한다면
그 기분 어떻겠어요?

꽃이여!
당신을 어떤 시선으로

바라봐 주길 원합니까?

누구나 따스한 시선을
서로 아낌없이 주고받을 때
비로소
최선의 마음을 열 수 있는 겁니다

## 갈망의 나비

겨우내
갈망의 붓끝으로
날개에
당신 얼굴 그렸습니다

가슴에 품은 꽃 한 송이
그려내기는 정말 쉽지 않더군요

기억을 더듬어
선명한 빛깔을 내고
그리움을 문신처럼 새길 때는
많이 아팠지만
다시금 어우러질 생각에
날개가 심장처럼 뜁니다

남쪽에서 불어오는 바람에서
당신 소식을 듣습니다

이제 곧 만날 수 있을 테죠

보고 싶었습니다

그러나

내 날개가 당신을 너무 닮아
나를 몰라보면 어쩌나 하는
생각도 듭니다

그 기억 더듬어 섬세히 그린 까닭인데

어느 날
당신에게 앉았을 때
당신도 나를 구분하지 못함은

오로지 가슴에 품은 꽃을
피워내기 위해
고통까지 감당했던
갈망이라 생각하세요

# 이별 연습

이별 연습을 해두었습니다

흐벅지던 벚꽃이
돌연,
고별 춤을 추며 돌아서던 날

그때 내리기 시작한 꽃비는
마음까지 적시고 있었습니다

그러나 그 울음
내색하지 않았습니다

다가 올 고독이 두려웠던 건 사실이지만
숱한 이별을 앞에 두고
여기서 무너질 수 없었으니까요

어쩌면
다행인 줄도 모르겠다는 생각은
저 벚꽃처럼
언젠가는 모두 떠나겠지만

다시금 맞닥뜨릴 모든 작별 앞에서는
담담히 보낼 수 있겠다 싶네요

〈
요즘은 라일락과 사랑에 빠졌습니다

그 짙은 향도
조만간 계절 앞에서
안녕하며 별이 되어 돌아갈 테지만
개의치 않고
이 순간만을 사랑하렵니다

# 인연

필경
무엇을 말하려는 게 틀림없었어

들꽃에 앉아서도
멈추지 않는 날갯짓은

입술에
몰입한 절정만은
아닐 거라 생각했지

호기심은
동선을 따라가 보았어

놀랍게도
길 위에 실을 늘이고 있더라구

투명한
인연의 실로
세상을 묶고 있었던 거야

꽃에 앉아 팔랑이며
말하는 것도 그때 들었어

〈
아름다운 세상을
함께 만들어 가자며

꽃마다
귓속말 나풀나풀
구애하고 있던 거였어

이제 알겠니?
나비가 날갯짓하는 의미를

우리들 마음에도
고운 나비가 있을 거야

실과 실
웃음으로 묶으면
세상 참 맑아지겠다

## 詩의 완성

비에 젖은 네 모습이
사뭇 애처롭지만
아무것도 할 수 없는 나약함에
자괴감마저 든다

허나,
너도 그 고통을 견뎌내야만
꽃이 될 수 있는 것처럼

나 또한 이런 시련들을 버텨내야만
날 수 있지 않을까?

단지,
겁이 나 피하고자 하는 것도
두려워 모면하고자 하는 것도 아니다

널 지키지 못하는 나를
겁쟁이라 욕해도 어쩔 수 없지만
입장 바꿔
너라면 이 비에 날 수 있겠니?

물론
시련이라는 것과

직접 부딪혀 극복할 수 있다면
더 바랄 것이 없겠지만
가끔은 피해 가는 것도
하나의 방법이라 생각한다

이런 나의 생각에
동의할지 모르지만
살기 위한 몸부림이라며
고운 시선으로 봐 주면 안 되겠니?

약속하마
이 비 그치고
너 살아 돌아와 꽃 詩를 완성해다오
나는 살아서 그 詩의 종장까지 다 읽는
열광적인 팬이 될 테니

# 겨울 나비

지금은 장미와 사랑에 빠진 내가
복에 겨워 그런 것도
꽃 입술에 취해
취중에 하는 말도 아닙니다

쉴 새 없이 벙그는 꽃 축제
그 중심에 항상 떠 있어
이런 말해도 되는지 모르겠지만
남모르는
아쉬움이 있다면 믿겠습니까?

살면서 겪게 되는 시련과 고난,
누군가처럼 나도
고통을 이겨냈다 자부하지만

늦가을로 들어서면
어김없이 자취를 감춰야 했던
내 자신이 원망스럽습니다

꽃 무더기에 파묻혀 사느라
그 황홀함에
정작 나를 원했을
꽃을 애써 외면했던 것은 아닌지

〈
겨울꽃도 꽃인데
행여 살이 에이진 않을까
엄살로 먼저 장막을 두른 건 아닌지

설산의 긴 침묵조차
두근거리게 하는 눈꽃과
잔 햇살에 홀씨마저
눈물로 떨구고 마는 서리꽃,
그리고
끝내 송이째 시들고 마는
겨울 장미의 고독을
어찌 품어주지 못했을까요?

 꽃은 나의 숙명이거늘
 나비로서의 자존심이 허락지 않아

 엄동설한이 아무리 잔혹하다 하여도
 올겨울에는 그 고통을 감내하다
 마지막 눈이 소복이 쌓이는 날
 그 흰 눈 속에 날개를 묻겠습니다

## 사랑의 아픔


나비와 입맞춤하지 못한 꽃보다
입맞춤한 꽃이 더 아프다고

차라리 아린 사랑을 몰랐더라면
꽃 눈물 저리 붉지 않았을 것을

꽃깃 터져 마른 꽃망울
아프게 해서 미안 타고

끝내 바람이 된 입술
멍들게 해서 미안 타고

4부

# 이별 없는 세상에서 만나요

다음 생에 다시 만나면 이별 없는 세상에서
마음에도 없는 말 꺼내 성애性愛의 꽃을 상처로 묶는

마지막 갈래 길 같은
간이역은 없기를

## 낙엽의 엇갈림

봄부터 너와 난
마주 보고만 있었다
어쩌면 한 가닥 희망이 있기에
긴 시간
바라봄으로
만족해야 했었다

그런데 이게 뭐니
그토록 기다렸건만
떨구고도 우리는 하나 되지 못하는지
난 이쪽
넌 저쪽으로
가는 방향이 다르다

# 부탁이 있습니다

늘지 않는 詩心에 멍때리기 일쑤입니다
그 마음 흔들만한 詩 하나 건지고픈 데

단풍이
다 떨어져 가도록
편지 한 줄 못 썼습니다

내면에 쌓인 저 어둠을 가를 수만 있다면
어떤 빛이라도 詩 안에 담고 싶지만

틈새를
비집고 들어온
고독이 원망스럽습니다

제 詩가 해맑았던 때가 있었던가요?
불현듯 촉촉해진 볼품없는 끄적임

두려워
詩의 여정이
길게만 느껴집니다

하지만 마지막 잎 새가 떨어지기 전
용기 내 몇 자 적습니다, 유치한 듯 보여도

〈
아무개
싸구려 글은
아니니 읽어는 주세요

잎이 많았다면 후회가 앞서지만
달랑 한 잎 뿐이기에 길게는 쓰지 못하고

표현이
맞을지 모르나
'사랑해'라고 적어봅니다

그 낙엽이 역풍 맞아 실종되지 않는다면
어느 날 그대 창가에 낯설게 도착할 텐데

그 편지
꼭 읽어 주세요?
제 허물 덮고 싶은 까닭입니다

## 서리꽃 필 때면

더 이상은 지쳐서
난 쫓을 것도 없는데
한사코 잡아끄는
그림자의 덫에 걸린

고독이
술 한잔하자고
창틀에 기웃거린다

몹쓸 밤바람은
어찌 그리 세찬지
방금 떨어진 낙엽조차
사지로 내모는

빙화氷花가
단장하는 밤이면
또다시 난 불면이다

# 산국

때아닌 비雨의 거친
말 부림에 흔들리더니
낯선 칼바람에
긁히고 베여 추락한
세상은
다비소처럼
울음바다가 된다

시간의 굴레에 갇혀
갈지자로 길을 잃는
고독하지 않아도
고독과 벗이 되는 계절
노란 이
성긴 가슴마다
위로의 꽃을 피운다

## 눈물인가요

비 그치기 전 마지막
잎 새에 매달려 있는
조금은 흔들리는
빗방울을 보았습니다
더 이상
이별의 슬픔을
감출 수 없었나 봅니다

무성했던 연둣빛
그 속삭임도 기억이 나고
한때를 살랐던
불꽃놀이도 여운이 남아
아쉬워
들춰보지만
미련만 맺혀있더이다

붙잡고 싶지만
흐르는 시간은
내 것이 아니어서
그냥 보낼 수밖에요
잘 가요
구멍 난 눈물은
잊지 못할 겁니다

## 유리창에 비

창문에 써내려가는 편지를 읽으며
허와 실의 공간에서 외줄타기를 해본다
저 펜은 닿는 곳마다
눈물이 흐르는지

시나브로 다가오는 어머니의 환영은
유리창에 중첩되어 점점 더 커져만 가고
투명한 편지지는 이내
울음바다가 된다

*2018년 중앙 시조 백일장  9월 입상작

## 서리꽃


세상이 한파에 움츠릴 때도
당신은
기어코 꽃을 피웠습니다

이내 식을 걸 알면서도

열망은
뜨거웠습니다

갈등하지 않으며

## 가을 천사

전생에 나는 나무였을까
낙엽을 보면 눈물 나는지
소싯적 불타지 않은
가슴 어디 있다고

꺼지는 한숨 소리까지
왜 자꾸 들리는 거야

하긴, 이별 앞에
떨리는 건 당연해서
손끝에 느껴지는
미세한 통증 또한

보내고 남은 빈 가지의
아린 울음이겠지만

그러나 난 보았어
정작 잎 새鳥는 설렜고,
아름다운
추락을 꿈꾸고 있었지

기억엔 날개도 있었어
사람들은 볼 수 없는

# 이별 없는 세상에서 만나요


잊어요 그대 말했지만 놓는 손이 따뜻해서
놓아야 했었지만 난 뿌리치기 어려웠음을

그 마음 그게 아닐 텐데
내 마음도 그게 아닌 걸

갈게요 그대 말했지만 눈빛은 그게 아니어서
헤어지려 했었지만 난 돌아서기 어려웠음을

그 마음 더 아팠을 텐데
내 마음도 이리 아픈 걸

잘가라 말하고도 난 보낼 수 없었을 때
끄덕이고 있었지만 그대 가지 못했음을

그 마음 울고 있을 텐데
내 마음도 이리 우는 걸

그대 작별을 고했지만 남고 싶었던 것처럼
나도 잊겠다 말했지만 끝낼 수 없는 것처럼

눈물의 이불을 덮고
잠드는 일 없으면 안 될까요?

〈
다음 생에 다시 만나면 이별 없는 세상에서
마음에도 없는 말 꺼내 성애性愛의 꽃을 상처로 묶는

마지막 갈래 길 같은
간이역은 없기를

# 민들레

더 이상 기다릴 수 없었나 보다,
가만히
나만 응시하던 너를
가까이 두고 몰랐다
날 보며
저어-기 하며
말을 잇지 못했던

그때 말하지 그랬니?
사랑한다고
너무 예뻐
내 사랑으론 꿈도 꾸지 못했는데
미안해,
나만 바라보다
다 헤진 마음을 몰랐다

넌 지금도 예쁘다
그래서 억울하지만
처음 내 옆에 와
미소 짓던 널 기억한다
예쁘고
고운 노오란
꽃등 켰던 계집애

# 눈물 저장고가 있습니다

그대를 알고부터 생긴
저 깊은 곳의 울음 창고

사랑할 땐
벅차 마음이 울었고
지금처럼 곁에 없을 땐
그리워 맘시울 젖게 하는
비워도 비워도
뜨겁게 때로는 물집처럼
맺히는 눈물 샘
만약에 다시,
재회하는 날이 온다면
기뻐 참지 못해 핑 돌고
우리 이대로,
기억 속에 묻혀야 한대도
그 울음 그치지 않겠죠
사랑할 때도
사랑할 수 없을 때도
가슴 저미게 하는
그대는 눈물 음표

처음 만난 후부터
나에게는 눈물 저장고가 생겼습니다

# 마른 꽃

고웁게 핀 꽃을 볼 때면 내 기쁨은 만삭이었지요

언제나 소리 없이 자라나 달궜던

씨앗의 애틋한 변신

지금도 흐드러집니다

상서롭게 빛났던 눈빛 잊고 싶지 않았습니다

곁 두며 고이고이 간직하고 싶은 까닭에

그 엷은 미소와 함께

갈피에 꽂아두렵니다

# 너니까


이쁘다
고웁다
꽃이라서가 아니다

맑다
따뜻하다
봄이라서가 아니다

분홍빛 입술
꽃등 켠 눈동자

너라서 그렇다

## 아버지 어머니께 드리는 편지


제 기억에 두 분의 계절은
늘 가을이었습니다

각박했던 시절
행여 저희 남매들 뉘에 뒤질세라
살아야 했던 청춘,
한없이 무거워 보였던
두 분의 어깨가 새삼 떠오르는 날입니다

얼마나 힘드셨어요?

두 분의 봄을 빼앗은 죄
한 해 한 해 머리에 흰 눈이 쌓여 갈수록
가슴에 한限으로 박히는데

곁을 볼 사이도 없이 달려온 세월
아내와 저 둘만
집에 남아보니 알겠습니다

얼마나 외로우셨어요?

아이들의 빈자리에서 느껴지는
공허함이라고 할까요

〈
두 분도 느꼈을 허전함에
왜 그때 좀 더 따뜻하지 못했는지
후회의 머리는 꿇어도 꿇어도
땅에 닫질 않습니다

제 봄을 조금이라도 떼내 드렸어야 했는데
그랬다면
이제 가을로 들어선 저와 아내도
이렇게 마음 아프지 않을 것을

이제 와 용서를 비오니

별이 되신 아버지 어머니
걱정 없는 그곳에서
두 분만을 위해
영원히 봄날을 사시라

불효자 눈물로 소망합니다

# 혼자 있으면 섬이다

간혹 왔다가는 갈매기도
갈 때는 말없이 가는데
왔다 하면 온 맘 훑고 가질 않나

멀리서 애절이는 등대도
그 흔적 남기지 않는데
헤집고 와선 멍만 쌓아 놓고 가는 너였다

외딴섬은
늘,
바람처럼 아쉬움만 난무하고
그리움 따위가 파도처럼 핥고 갔지

그래도
한 가닥 미련의 썰물로
먹먹함으로 갈라 놓은 바다에
길을 내보았지만

그러면 뭐 하니?

다
허방

너 없으면 다 섬인 것을

# 연탄

다 타고나면 나도 모른다

아직 뜨거울 때,

와라

22구공은 널 위한 열정의 씨방

아직 불꽃이 남아 있을 때

그리움은 널 위해 뜨겁다

## 눈물 매듭

단지 세월 때문이라며 원망하지 않겠습니다
내가 더 흠모했던 마음도 사실이고
더 많이
좋아했던 것도
틀린 말은 아니니까요

맹목적으로 물 들었던 단풍잎이 갈 때를 알아
이별 앞에 말없이 무릎 꿇어야 했던 것처럼
영원한
생명은 없으니
언젠간 놓아야 하지만

저 숱한 시간 살겠다고 눈물로 엮어온 매듭
지우겠다고 억지로 풀지는 말아 주세요
보기엔
마른 것 같아도
그 갈망 촉촉합니다

새벽이슬이 떠나면서 자국을 남기듯이
상처여도 간직하고픈 안간힘이라 생각하세요
유난히
빨간 노을입니다
남고 싶은 까닭입니다

# 새벽

널 만난 걸 행운이라 말할게,
오늘도

나의 창을
살포시 두드리는,
까르르

**빠알간**
너의 웃음에

하루가 두근거린다

## 여보

내가 잘못했소
당신이 귀에 박히도록 했던 말 말
왜 그때는 싫었는지
돌이켜보면
몸부터 돌보시라
날 걱정해서 해준 말인데
다 잃고 나니 귀가 열리더이다
그때 들었다면 좋았을 것을

정말 미안하오
당신이 기대야할 나무여야 하거늘
내가 힘없이
당신 등에 기대고 있는지
지난 세월
걱정만 안겨준 듯하오
곱디곱던 손 어느새 거칠어졌구려
바보처럼 내가 그리 만들었소

날 용서하오
나만 아프다
말할 틈도 주질 않았으니
밤새 잠 너머로 앓는 소리에
마음이 미어집니다

참으면 병이 된다는데
이젠 말해요
당신 아픈 곳 호-호- 불어 줄 테니

고맙습니다
당신의 지극한 보살핌으로
내 이만큼 세상과 벗할 수 있으니 덕분입니다
이젠 당신이 편히 기댈 수 있는
뿌리 깊은 나무가 될 테니
혼자 숨어 울지 말고
마음껏 기대고 쉬시구려

사랑합니다
나 하나만 믿고 살아온 세월
잠시 궁창에 빠져
당신 힘들게 만든 죄
어찌 다 갚겠소만
날 위로해주던
그때 그 안간힘까지 마음에 담아
당신만 바라보는 팔출불이 되리다

# 홍매화

계절의 화덕에
홍매화 불씨를 붙이는 걸 보니
곧 봄이 오시려나봅니다

그럼
그때
그대도 오시려나요?

내 물오른 맥
분홍으로 설레이리다

# 너는 아프다 마라

생을 포기하고 싶을 만큼
통증에 시달려 본 적이 있느냐?

핏기없는 병실에 누워
고통과 싸워 본 적이 있느냐?

푸른 하늘을 이고
거리를 활보할 수 있다면
더 이상
아프다 마라

투명한 탯줄에 의지한 채
생과 사의 기로에 선
그들이
그토록 꿈꾸는 거리를
너는 두 발로 걷고 있지 않느냐

더 이상
엄살거리지마라
그들도 결국에는 일어나 걷는다

# 아름다운 범인

도무지 참을 수 없어

나는 죄를 저질러야 했습니다

그대 마음을 훔쳐야만 했으니까요

그렇다고 변명은 않겠습니다

내 죄를 용서하느니

차라리

내 손목에

그대 사랑으로 수갑을 채워주세요

# 안개

희붐한 새벽이 안개 낳는 날이면
그 뒤에 따라오는 감정이 궁금합니다
속성은 늘상 해맑음,
차분하게 오지만

보일 듯, 말 듯 감춰진 속마음은
어쩌면 나를 위해 무릎 꿇은 새벽 기도
감사와 기름진 기쁨
하루를 달굽니다

아쉬운 건 곧 떠나야 한다는 것이지만
온 들과 온 산과 강 그리고 저까지
그 품에 껴안는 걸 보면
마음 넉넉한 당신입니다

## 함께 가는 거야

우린 거꾸로 가고 있는지도 몰라
이건 아니라고 하면서 더는 안되는 줄 알면서
고독하게 살아가는 어쩌면 욕심이겠지

마음이 어두워지기 시작하면
가시밭길도 꽃길이라 생각하며 걸어가지
아픈 줄도 모르고 그것이 제일인 양
결국 다치는 건 자기 자신인데도 말야

어느 날 기댈 사람마저 없다면
가슴에 온기가 없었기 때문이겠지
혼자만 잘나고, 혼자만 앞서간다고
기다려줄 거라 생각했다면 오산이야

그래서 나약해졌는지도 몰라
조금만 힘들어도 쓰러지고 넘어지며
작은 생채기에도 눈물 흘리는 물렁한 존재

그렇다고 가지 말라는 건 아니지만
꿈과 욕심은 달라서, 함께 걷는 즐거움과
독선으로 걷는 외로움의 차이겠지

정상에 서고 싶은 욕망은 누구나 있을 테지만

그곳까지 어떻게 가느냐에 따라
욕심일 수도 있고 희망일 수도 있는 거야

우리에게 필요한 건 사랑이야
나보다 어려운 사람을 격려하며 함께 걷는다면
그보다 아름다운 삶이 어디 있겠니

요즘, 힘들지?
다시 함께 걸어보는 건 어때
조금 더디더라도 혼자가 아니니 쉬울 지도 몰라

자! 힘내 보는 거야
지금까지 그래왔던 것처럼
세상은 늘 네 편이니까 믿고 가보는 거야

**창연시선003**
**사랑별 반짝이는 날이면**

2020년 4월 30일 발행

지 은 이 | 김학주
편 집 인 | 이소정
펴 낸 이 | 임창연
펴 낸 곳 | 창연출판사
주    소 | 경남 창원시 의창구 읍성로 39
출판등록 | 2013년 11월 26일 제2013-000029호
전    화 | (055) 296-2030
팩    스 | (055) 246-2030
E - mail | 7calltaxi@hanmail.net

값 10,000원
ISBN 979-11-86871-73-7   03810

ⓒ 김학주

* 이 책의 판권은 저자와 창연출판사에 있습니다.
* 양측의 서면 동의 없이 무단 전재나 복제를 금합니다.
* 이 도서의 국립중앙도서관 출판예정도서목록(CIP)은 서지정보유통지원시스템 홈페이지(http://seoji.nl.go.kr)와 국가자료종합목록 구축시스템(http://kolis-net.nl.go.kr)에서 이용하실 수 있습니다.
(CIP제어번호 : CIP2020011375)

# 창연출판사가 만든 김학주 시집

### 김학주 시인 제1시집
### 사랑별을 산에서 만났습니다

값 9,000원

김학주 시인은 등산을 좋아한다. 하산을 하면서 어둠이 내리는 장면을 참으로 아름답게 노래하고 있다. 그때 만난 별들과 사람들을 사랑별이라고 부르게 되었다.

### 김학주 시인 제2시집
### 사랑별이 잠에서 깨어났습니다

값 9,000원

기다림이란 꽃은 시간과 눈물을 주어야만 피어나는 꽃이다. 시집에 실린 모든 시들은 희망과 긍정으로 빚어진 아름다운 언어들로 가득 차있어 읽는 이로 하여금 혼자 미소를 짓게 만드는 힘이 있다.

### 김학주 시인 제3시집
### 사랑별 다방

값 9,000원

김학주 시인에게 커피는 지상 명령어이다. 시상의 원천이며 감로수요, 시의 키워드이다. 모닝커피로 시작해서 갈색 추억이 온통 커피 길로 뒤덮혀 있을 정도다.

### 김학주 시인 감성시조집
### 하늘엔 사랑별, 땅엔 들꽃

값 9,000원

김학주 시인은 세상 모든 것들을 사랑의 마음으로 읽어낸다. 그는 눈길에 닿는 것들을 사랑의 문장으로 재창조하는 시인이다. 그는 매일 시를 쓰는 태생적 시인이다.